Est-ce q
mange bien
à Lyon ?
pages 12-13

peut-on
jouer à
cache-cache ?
pages 14-15

On fait la fête
à Lyon ?
pages 16-17

?

On fabrique
quoi à Lyon ?
pages 22-23

De quelle
couleur sont
les maisons ?
pages 24-25

Combien
y a-t-il d'arbres
à Lyon ?
pages 32-33

Il y a des gens
célèbres
à Lyon ?
pages 34-35

Est-ce qu'il y a
des bouchons ?
pages 36-37

À Martine, ma super-grand-mère.
E. O.

Pour Arsène, mon petit Lyonnais.
I. M.

L'auteur et l'éditeur remercient la ville de Lyon.

Conception graphique : Emma Rigaudeau

editionsmilan.com

ISBN : 978-2-7459-8089-2 – Dépôt légal : 3e trimestre 2016 – Imprimé en Roumanie par Canale.

Lyon

Textes d'**Emmanuelle Ousset**
Illustrations d'**Isabelle Maroger**

MILAN

Est-ce qu'il y a la mer à Lyon ?

À Lyon, pas de mer ni de montagne. Mais il y a de l'eau partout et la ville grimpe beaucoup !

Le **Rhône** et la **Saône** se rejoignent au beau milieu de la ville, qui est ainsi coupée en trois. On doit souvent franchir plusieurs ponts pour aller d'un point à l'autre de Lyon.

Deux collines se font face : la Croix-Rousse et Fourvière. Mieux vaut avoir de bons mollets pour arriver en haut : leurs rues, entrecoupées d'escaliers, sont très en pente !

Les Lyonnais ont donné un surnom à leurs collines. **Fourvière** est la « colline qui prie » et la **Croix-Rousse** la « colline qui travaille ». Depuis chacune, le panorama sur la ville est extraordinaire !

Combien y a-t-il de ponts ?

Lyon possède 29 ponts. Et tous sont différents ! Certains sont de gros ouvrages bétonnés... tandis que d'autres sont des passerelles légères et colorées, réservées aux piétons.

Est-ce qu'on peut prendre le métro ?

Pour visiter Lyon, on peut se déplacer en métro, certes... mais il existe d'autres modes de transport nettement plus amusants !

Comme la plupart des grandes villes de France, Lyon a son **métro.** On y compte quatre lignes, auxquelles viennent s'ajouter cinq lignes de **tramway.**

Pour escalader les collines, on a construit cinq **funiculaires** qui se faufilaient entre les habitations. Il n'en reste plus que deux aujourd'hui. On les surnomme la Ficelle !

Ici, les vélos en libre-service s’appellent les **Vélo’v.** Si on est un peu fatigué, on peut aussi monter à bord d’un vélo avec chauffeur : le **Cyclopolitain**.

Comme Venise, Lyon a son **vaporetto** ! Ce bateau relie le Vieux-Lyon au quartier de la Confluence en moins de 30 minutes.

Que peut-on visiter ?

Les vieux quartiers de Lyon valent vraiment le détour ! Ils sont très beaux et particulièrement bien préservés.

Avec ses monuments antiques, la colline de Fourvière est le quartier le plus ancien. Elle est dominée par la **basilique Notre-Dame**, à qui elle doit son surnom de « colline qui prie ».

À la fois étroit et long, le **Vieux-Lyon** est situé entre la Saône et la colline de Fourvière. On y trouve beaucoup de monuments du Moyen Âge et de la Renaissance.

Coincée entre Saône et Rhône, la **Presqu'île** est le quartier le plus central. On y vient surtout pour ses commerces et ses restaurants.

Il y a beaucoup de touristes ?

7 millions de visiteurs viennent chaque année. C'est beaucoup moins que Paris, qui accueille 47 millions de touristes tous les ans, mais Lyon figure quand même parmi les trente villes du monde les plus appréciées par les étrangers !

Est-ce qu'on mange bien à Lyon ?

La campagne qui entoure la ville regorge de produits du terroir très réputés. Et les Lyonnais aiment bien manger !

Au nord, on élève de belles volailles dans la Bresse et de jolies vaches dans le Charolais. À l'ouest, dans les monts du Lyonnais, on fabrique de la **charcuterie** et des **fromages.**

Les marchés réunissent tous les producteurs de la région. Les **halles de Lyon**, par exemple, sont connues pour la grande qualité de leurs produits.

La vigne pousse très bien le long du Rhône et de la Saône. Dans le Beaujolais, par exemple, on produit des **vins** comme le morgon, le saint-amour ou le chiroubles.

De la **pogne** (une brioche en forme de couronne), de la **tarte aux pralines** et de petites langues de pâte frite qu'on appelle des **bugnes**… à la boulangerie, il y a l'embarras du choix !

Où peut-on jouer à cache-cache ?

Les rues de Lyon sont truffées de passages secrets qui permettent de circuler d'un immeuble à l'autre sans passer par la rue. Pour les découvrir, il suffit de pousser les portes !

Ces couloirs étroits qui passent sous les immeubles et traversent les cours s'appellent des **traboules.** Il y en a plus de 400 ! Elles forment un réseau de raccourcis très pratique.

En passant d'une traboule à l'autre, on tombe sur des trésors cachés comme cet **escalier** majestueux.

Chut ! Il faut rester discret… Les gens qui vivent ici n'aiment pas trop être dérangés par le bruit des visiteurs.

On peut croiser des agents secrets à Lyon ?

Peut-être que des espions s'y cachent… mais on y rencontre surtout des policiers de tous les pays. C'est en effet à Lyon que se trouvent les bureaux d'Interpol, une grande organisation chargée de rechercher les criminels dans le monde entier.

On fait la fête à Lyon ?

Des créations lumineuses qui fleurissent partout dans la ville, des défilés de danse géants, des concerts et des sorties en plein air… Pas de doute : à Lyon, on sait faire la fête !

Le 8 décembre, les Lyonnais placent des lumignons à leurs fenêtres et sortent découvrir les créations lumineuses qui forment de gigantesques tableaux dans la ville. C'est parti pour quatre jours de **Fête des lumières** !

La **Biennale de la danse** est un grand festival de danse. Des compagnies du monde entier viennent y donner leur spectacle, et un défilé réunit des milliers de danseurs amateurs dans la rue.

Chaque été, les théâtres antiques font salle comble à l'occasion des **Nuits de Fourvière.** Musique, théâtre, cirque ou danse... le festival propose toutes sortes de créations inventives.

Aux beaux jours, les Lyonnais se retrouvent souvent **au bord de l'eau.** Assis sur les marches ou allongés sur les pelouses, ils prennent l'apéritif au grand air !

Est-ce qu'il y a des bâtiments bizarres ?

Le musée des Confluences est très étonnant ! Il ressemble à un grand vaisseau de verre et de métal.

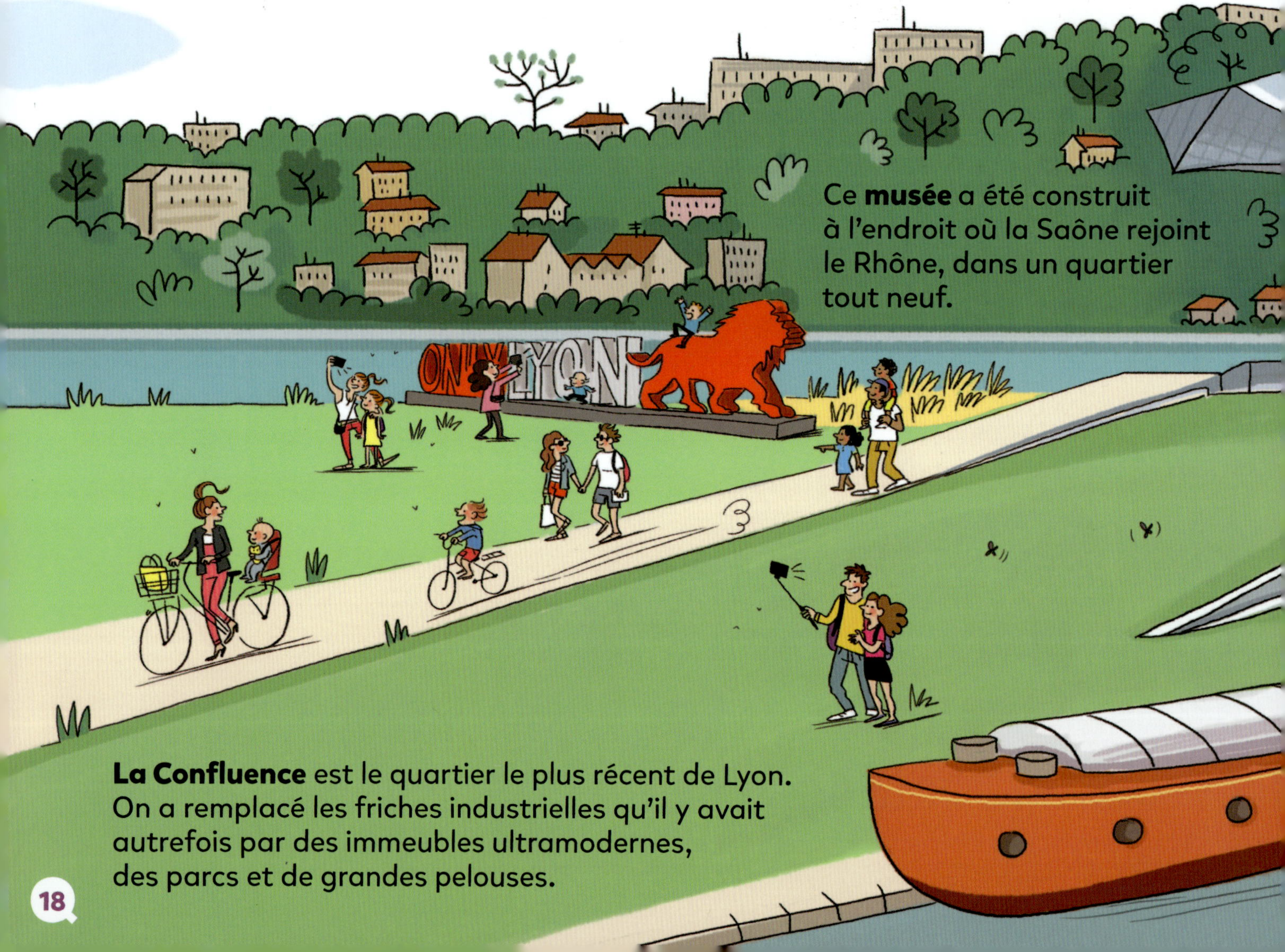

Ce **musée** a été construit à l'endroit où la Saône rejoint le Rhône, dans un quartier tout neuf.

La Confluence est le quartier le plus récent de Lyon. On a remplacé les friches industrielles qu'il y avait autrefois par des immeubles ultramodernes, des parcs et de grandes pelouses.

Pour **protéger l'environnement**, les nouvelles constructions consomment peu d'énergie. Des mares et des jardins aquatiques ont aussi été installés pour permettre aux espèces sauvages de vivre avec les hommes.

On peut y voir des dinosaures ?

À l'intérieur, on peut y admirer des squelettes de dinosaures. Et, à l'extérieur, on peut croiser 32 espèces d'oiseaux, des libellules, des papillons, des chauves-souris... Il y a même des castors !

C'est quoi la Tête-d'Or ?

La Tête-d'Or est un immense parc. Comme Central Park à New York, il se situe au milieu de la ville.

Les Lyonnais aiment beaucoup se retrouver au parc de la Tête-d'Or. Ils viennent **pique-niquer** en famille, faire du sport ou simplement s'offrir une petite sieste à l'ombre des grands arbres.

Des girafes, des zèbres, des flamants roses… nous voilà dans la plaine africaine sans même quitter la ville ! Au total, le **jardin zoologique** de la Tête-d'Or abrite près de 400 animaux.

Le parc possède plusieurs **roseraies**. Des jaunes, des blanches, des rouges... on y trouve des roses de toutes les variétés et de toutes les couleurs. Mmmh, ça sent bon !

Un très joli **lac** de 17 hectares occupe une bonne partie du parc. On peut y faire de la barque ou du pédalo en compagnie des oies et des canards qui se sont installés là.

On fabrique quoi à Lyon ?

Aujourd'hui, Lyon s'intéresse surtout aux technologies de pointe liées à la médecine ou à la chimie. Mais autrefois la ville était peuplée d'ouvriers qui travaillaient la soie.

Les artisans de la soie sont des **canuts**. Ils vivent avec toute leur famille dans des appartements qui leur servent aussi d'atelier.

Au XVIe siècle, 12 000 personnes vivaient déjà du tissage de la soie. Mais, au XIXe siècle, c'est l'explosion ! On compte alors plus de 100 000 **métiers à tisser** dans toute la ville.

La vie des canuts est difficile : les salaires sont bas ! En 1831, ils se rebellent contre leurs conditions de travail : c'est la première **révolte ouvrière** de notre histoire.

Où vivent les canuts ?

Les canuts ont besoin de place pour disposer leurs immenses métiers à tisser. Au XIXe siècle, ils s'installent en masse dans le quartier de la Croix-Rousse. C'est à eux qu'elle doit son surnom de « colline qui travaille ».

De quelle couleur sont les maisons ?

En levant un peu le nez, on découvre une foule de détails étonnants. Certains sont là depuis très longtemps. D'autres sont très récents !

Des lions, des chiens... on trouve beaucoup d'animaux sculptés sur les maisons du Vieux-Lyon. Mais le plus impressionnant, ce sont les **gargouilles** des églises. Brrr... elles font peur !

Du rose, du jaune, de l'orange... il y a tellement de couleurs sur les maisons de la **Renaissance** qu'on se croirait en Italie.

À Lyon, on aime bien décorer les murs qui n'ont ni portes ni fenêtres. Sur le **quai Saint-Vincent**, par exemple, une immense fresque représente les grands personnages de la ville.

Les architectes d'aujourd'hui créent souvent des constructions aux formes étranges. Avec ce drôle de **cube percé** qui se trouve dans le quartier de la Confluence, ils ont dû bien s'amuser !

Pourquoi Lyon est-elle la ville du cinéma ?

C'est à Lyon que les frères Lumière ont mis au point le cinématographe et qu'ils ont tourné leurs premiers films.

Louis et Auguste Lumière sont de riches industriels. Installés dans le quartier Monplaisir, dans le sud-est de Lyon, ils ont fait fortune en fabriquant des appareils photographiques.

Le **19 mars 1895**, Louis installe sa caméra devant son usine. Il tourne la manivelle et filme la sortie de ses ouvriers. Il vient de réaliser l'un des tout premiers films de l'histoire du cinéma !

Ce hangar est devenu une salle de cinéma très appréciée et la villa familiale accueille désormais l'**Institut Lumière.**

Qu'est-ce que je peux voir à l'Institut Lumière ?

On peut faire plein de choses à l'Institut ! On peut y voir des films, consulter des livres ou visiter des expositions qui parlent de cinéma. On peut aussi aller au musée pour découvrir les œuvres des frères Lumière et leurs multiples inventions.

Où peut-on faire du sport ?

Les berges du Rhône et de la Saône ont été entièrement aménagées. Elles sont devenues le terrain de sport et de détente préféré des Lyonnais.

Les **berges** permettent de traverser la ville. On peut y marcher et y rouler en toute liberté. On y trouve même des rampes de skate et de roller.

Une **immense piscine** découverte est installée sur les bords du Rhône. En hiver, on peut nager dans une eau chauffée à 28 °C et profiter d'une vue magnifique sur les vieux monuments du centre-ville.

Autrefois, on pouvait faire du ski et de la luge sur les pentes de Fourvière. Depuis, la piste a été remplacée par un **parc d'accrobranche.** On peut jouer les Tarzan au-dessus de la ville !

Faire du vélo à Lyon, c'est très facile ! Les **pistes cyclables** sont nombreuses et il y a même un tunnel réservé aux cyclistes qui passe sous la colline de la Croix-Rousse.

Qu'est-ce que ça veut dire, *Lyon* ?

Fondée en 43 av. J.-C., Lyon s'est beaucoup développée avec l'installation des Romains sur notre territoire. Elle est même devenue la capitale des Gaules !

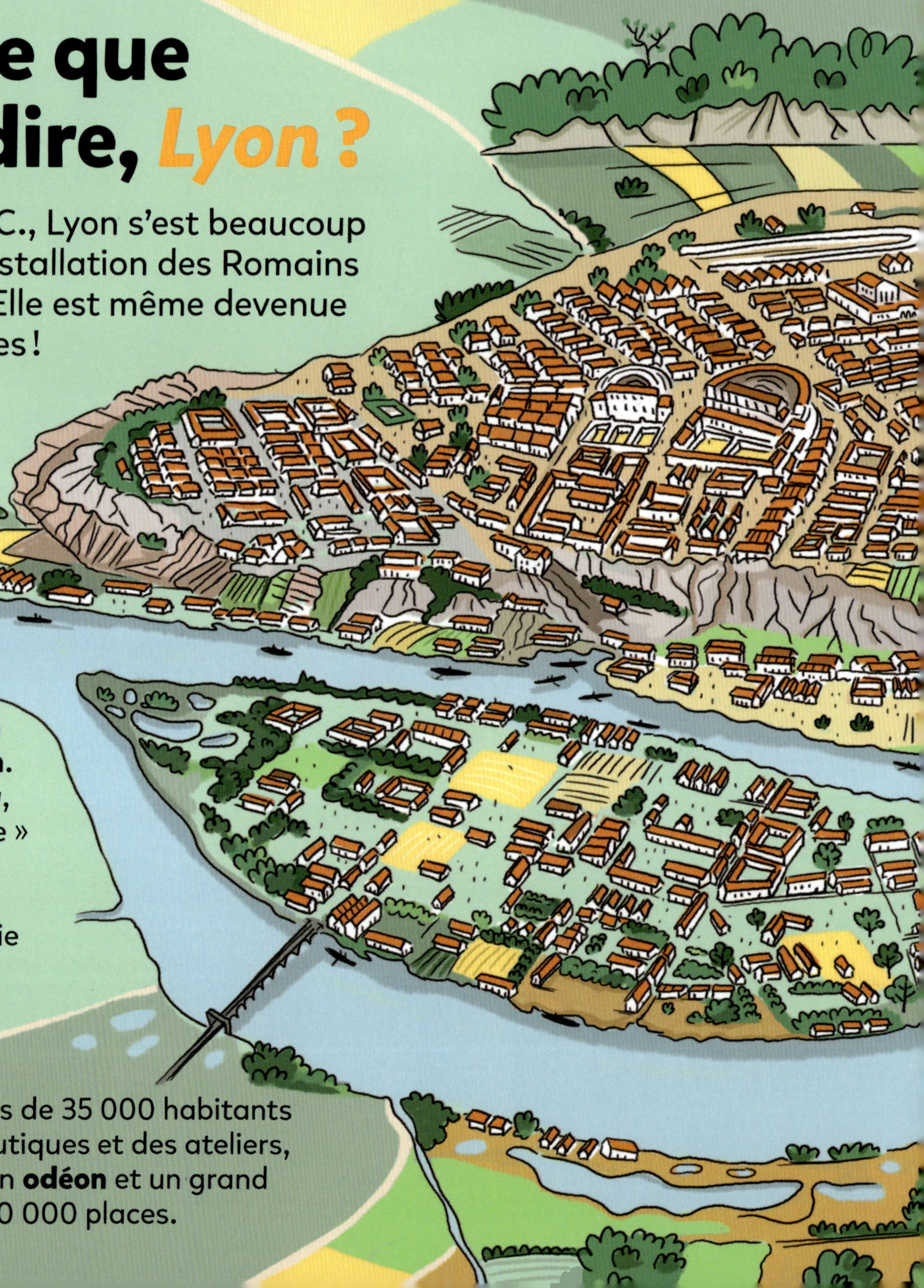

À cette époque, le nom de Lyon est **Lugdunum**. Il est formé du mot *Lug*, qui désigne la « lumière » ou le « dieu Lug » (on ne sait pas très bien), et de *dunum*, qui signifie « mont » ou « colline ».

La ville comptait plus de 35 000 habitants et possédait des boutiques et des ateliers, plusieurs **temples**, un **odéon** et un grand **théâtre** de plus de 10 000 places.

Les Gallo-Romains ont fait beaucoup de travaux. Ils ont aménagé les rives des fleuves et les îles, installé des ponts et construit des **aqueducs** pour approvisionner la ville en eau.

Il reste des choses de cette époque ?

Au Moyen Âge, la ville romaine est désertée et les monuments sont démontés pour en récupérer les pierres. Mais les théâtres de Fourvière sont épargnés et des fouilles ont mis au jour de nombreux objets que l'on peut voir au musée de la Civilisation gallo-romaine.

Combien y a-t-il d'arbres à Lyon ?

On ne les a pas comptés, mais une chose est sûre : les arbres sont de plus en plus nombreux à Lyon. Grâce à ses parcs arborés et ses jardins potagers, la ville respire mieux !

Les **jardins partagés** se multiplient au pied des immeubles et sur des friches. Les habitants du quartier y cultivent ensemble de jolis potagers.

Entre les parcs, les squares, les jardins et les grandes places arborées, il existe près d'une centaine d'endroits où l'on peut **se reposer** à l'écart du tumulte de la ville.

Notre-Dame-de-Fourvière est
l'endroit idéal pour rêver un peu.
Du haut de la colline, on voit très bien
les Alpes les jours où il fait beau !

Sur le toit des immeubles ou sur des bouts
de terrain, des **ruches** s'installent dans la ville.
Loin des pesticides des champs, les abeilles
semblent apprécier la vie urbaine.

Il y a des gens célèbres à Lyon ?

Parmi les Lyonnais qui sont devenus célèbres, on croise un tout petit personnage qui adore donner des coups de bâton. On trouve aussi de grandes et belles personnes !

Créé par un ouvrier de la soie, **Guignol** a plus de 200 ans ! Malgré son grand âge, la marionnette continue de donner de nombreux spectacles dans la ville.

Antoine de Saint-Exupéry a créé le Petit Prince. Il l'a même dessiné. Ce Lyonnais, qui est né en 1900, savait faire plein de choses : il écrivait, bien sûr, mais il pilotait aussi des avions !

L'**abbé Pierre** était courageux et engagé. Né en 1912 dans une famille de négociants en soie, il a défendu les pauvres toute sa vie. Il a fondé Emmaüs pour aider les hommes qui n'ont plus rien.

Louise Labé est née en 1524. C'est une grande dame de la Renaissance qui aimait parler de l'amour et de la liberté des femmes. Elle a appartenu à un groupe de poètes : l'école de Lyon.

Est-ce qu'il y a des bouchons ?

Les jours de départs en vacances… pas de doute, Lyon est bien la ville des bouchons ! Mais, pour les Lyonnais, un bouchon, c'est d'abord un petit restaurant très agréable.

Le **bouchon** est une vraie tradition ! On mange sur des nappes à carreaux rouges et blancs. Il y a de vieilles casseroles suspendues au mur. Et on parle très fort en rigolant beaucoup.

De la tête de veau, des **quenelles**, de l'andouillette ou du gâteau de foie… ici, on sert des plats simples. Et, en apéritif, on croque des grattons : des morceaux de graisse et de viande grillés.

Autrefois, il existait aussi des restaurants qui n'étaient tenus que par des femmes : les « **mères** ». C'est grâce à ces grandes cuisinières que la gastronomie lyonnaise est devenue très célèbre.

Ils sont bons, les restaurants de Lyon ?

À Lyon, de nombreux chefs sont recommandés par les plus grands guides gastronomiques. Paul Bocuse est le plus fameux d'entre eux. Il est connu dans le monde entier.

Découvre les autres titres de la collection

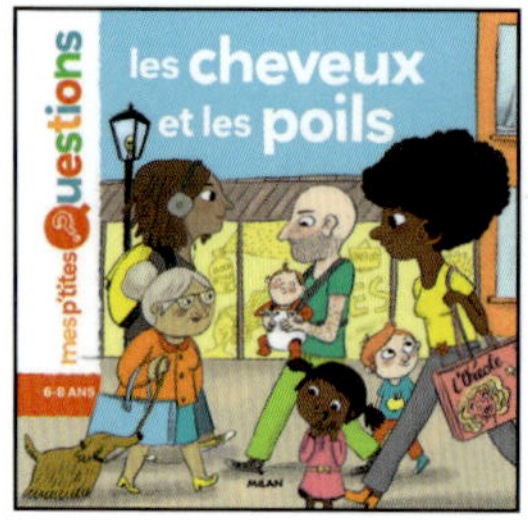

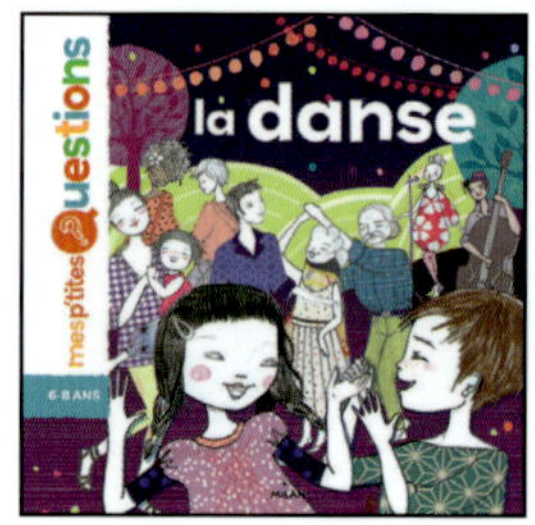

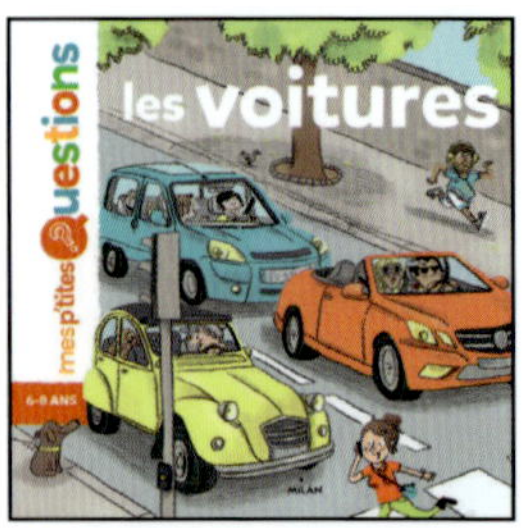

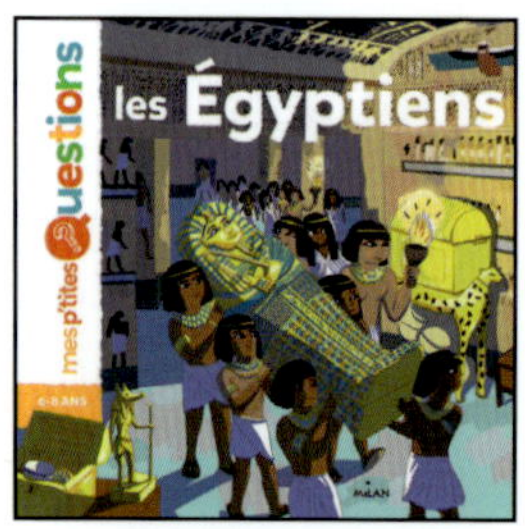

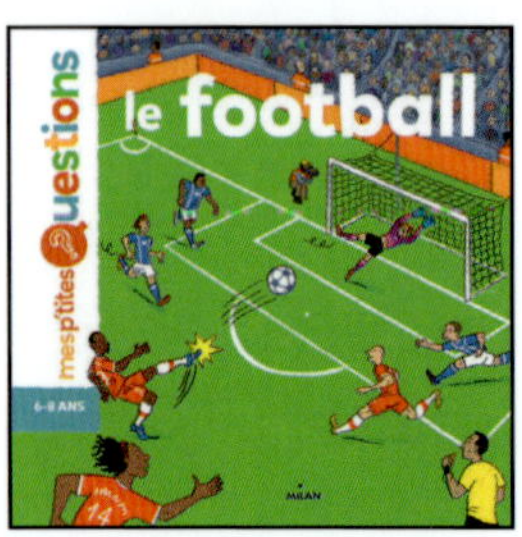

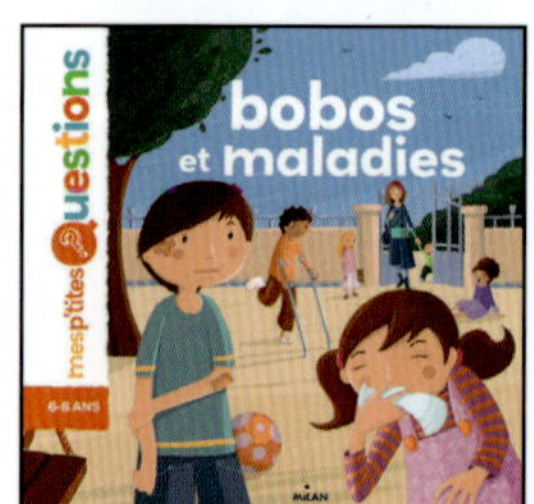

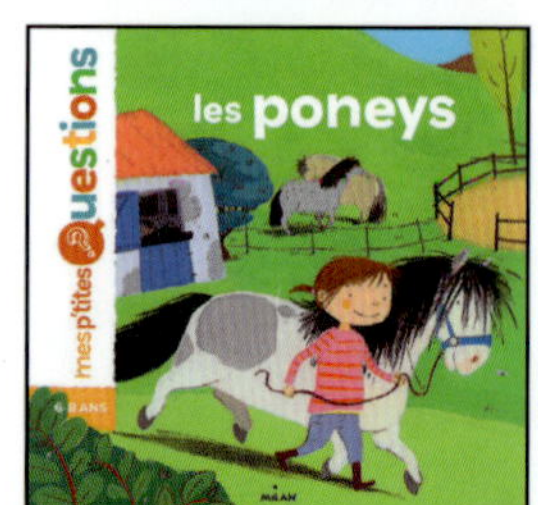